44

Nouveau syllabaire français

1845

NOUVEAU
SYLLABAIRE
FRANÇAIS,

Par un Instituteur de la ville de Draguignan.

Revu, corrigé et augmenté.

A DRAGUIGNAN,
Chez FABRE, Imprimeur-Libraire.
Novembre 1845.

NOUVEAU
SYLLABAIRE
FRANÇAIS,

Par un Instituteur de la ville de Draguignan.

Revu, corrigé et augmenté.

A DRAGUIGNAN,

Chez FABRE, Imprimeur-Libraire.

Novembre 1845.

✝ a b c d e f g h i
j k l m n o p q r s
t u v x y z

MAJUSCULES ROMAINES.

A B C D E F G H
I J K L M N O P
Q R S T U V X Y Z

MAJUSCULES ITALIQUES.

A B C D E F G H
I J K L M N O P
Q R S T U V X Y Z

Bâtarde plus petite.

a b c d e f g h i j
k l m n o p q r s t
u v x y z

a b c d e f g h
i j k l m n o p
q r s t u v x y z

CHIFFRES ARABES.

1 2 3 4 5 6 7 8 9 0

Figure de Lettres comparées.

A	a	*A*	*a*
B	b	*B*	*b*
C	c	*C*	*c*
D	d	*D*	*d*
E	e	*E*	*e*
F	f	*F*	*f*
G	g	*G*	*g*
H	h	*H*	*h*
I	i	*I*	*i*
J	j	*J*	*j*
K	k	*K*	*k*
L	l	*L*	*l*

(6)

M	m	*M*	*m*
N	n	*N*	*n*
O	o	*O*	*o*
P	p	*P*	*p*
Q	q	*Q*	*q*
R	r	*R*	*r*
S	s	*S*	*s*
T	t	*T*	*t*
U	u	*U*	*u*
V	v	*V*	*v*
X	x	*X*	*x*
Y	y	*Y*	*y*
Z	z	*Z*	*z*

ALPHABETS

En différents Caractères, et la véritable manière de prononcer les Consonnes.

Romain. *Italique.* CAPITALES. Il faut prononcer.

Romain	Italique	Capitales	Il faut prononcer
a	*a*	A	a
b	*b*	B	be
c	*c*	C	ce ou que
d	*d*	D	de
e	*e*	E	e
f	*f*	F	fe
g	*g*	G	ge ou gue
h	*h*	H	he
i	*i*	I	i
j	*j*	J	je
k	*k*	K	ke
l	*l*	L	le
m	*m*	M	me
n	*n*	N	ne

o	*o*	O	o
p	*p*	P	pe
q	*q*	Q	que
r	*r*	R	re
s	*s*	S	se
t	*t*	T	te
u	*u*	U	u
v	*v*	V	ve
x	*x*	X	kse ou gze
y	*y*	Y	i ou ye
z	*z*	Z	ze

Alphabet renversé.

z, y, x, v, u, t, s, r, q, p, o, n, m,
l, k, j, i, h, g, f, e, d, c, b, a.

Alphabet mêlé.

p, k, n, r, m, c, b, u, j, d, g, z,
f, q, l, e, h, i, a, s, t, y, v,

Voyelles.

a, e, i ou y, o, u.

ALPHABETS

En différents Caractères, et la véritable manière de prononcer les Consonnes.

Romain.	Italique.	CAPITALES.	Il faut prononcer.
a	*a*	A	a
b	*b*	B	be
c	*c*	C	ce ou que
d	*d*	D	de
e	*e*	E	e
f	*f*	F	fe
g	*g*	G	ge ou gue
h	*h*	H	he
i	*i*	I	i
j	*j*	J	je
k	*k*	K	ke
l	*l*	L	le
m	*m*	M	me
n	*n*	N	ne

o	o	O	o
p	p	P	pe
q	q	Q	que
r	r	R	re
s	s	S	se
t	t	T	te
u	u	U	u
v	v	V	ve
x	x	X	kse ou gze
y	y	Y	i ou ye
z	z	Z	ze

Alphabet renversé.

z, y, x, v, u, t, s, r, q, p, o, n, m,
l, k, j, i, h, g, f, e, d, c, b, a.

Alphabet mêlé.

p, k, n, r, m, c, b, u, j, d, g, z,
f, q, l, e, h, i, a, s, t, y, v,

Voyelles.

a, e, i ou y, o, u.

Consonnes.

b, c, d, f, g, h, j, k, l, m, n, p, q, r, s, t, v, x, z.

Accents.

Accent aigu (é)
Accent grave (è)
Accent circonflexe (ê)
Accent tréma (ë)
Apostrophe (')

Des diverses sortes d'e.

Notre langue a quatre sortes d'*e*, savoir :

L'*e* muet, qui n'a qu'un son obscur et peu sensible, comme dans *mesure, demande* (e).

L'*é* fermé, qui a l'accent aigu et qui se prononce, la bouche tant soit peu ouverte, comme *vérité, charité* (é).

L'*è* ouvert, qui a l'accent grave et qui se

prononce en ouvrant davantage la bouche comme succès, procès (è).

L'é fort ouvert, qui a l'accent circonflêxe et qui se prononce en ouvrant de même la bouche et appuyant sur cette lettre, comme fête, tempéte (è)

Ponctuation.

(,) Virgule,
(;) Point-virgule,
(.) Point,
(:) Deux points,
(?) Point interrogatif,
(!) Point admiratif.

Syllabe.

La syllabe est une consonne avec une voyelle comme *ma*, *pa*, *be*, *ob*, *id*, etc.

Diphtongues.

Les diphtongues sont des assemblages de plusieurs voyelles qui expriment un son double, et néanmoins se prononcent par une seule émission de voix, comme l*iar*d, p*iè*ce, j*ui*n, D*ie*u, m*oi*ns.

¨ *Tréma.* Le tréma est un signe qui avertit qu'il faut prononcer la voyelle sur laquelle il se trouve séparément de la lettre qui précède ; ainsi dans le mot *haïr*, on prononce *haïr*, parce qu'il y a un tréma, et non pas *hair*.

' *Apostrophe.* L'apostrophe se met en haut, à la place d'une voyelle supprimée, comme dans le mot : *l'arbre*, *l'oiseau*, parce qu'il aurait été trop dur de dire le *arbre*, le *oiseau*.

- *Trait-d'union.* Le trait d'union se met entre deux mots qui n'en forment qu'un, comme : *porte-faix*, *porte-clé*, *porte-crayon*.

ç *Cédille.* La cédille se met en bas, sous la lettre *c*, pour avertir qu'on doit prononcer ce *c* comme une *s*, par exemple, dans le mot *leçon*.

« *Guillemets.* Les guillemets sont des virgules qui marquent que les mots devant lesquels ils se trouvent, sont le langage de quelqu'un qui n'est pas celui qui parlait auparavant.

( ) *Parenthèse.* La parenthèse se compose

(12)

de deux crochets: elle marque que ce qui est renfermé entre eux, est détaché de ce qui suit.

Sons formés d'une Consonne et d'une Voyelle.

ba, be, bé, bè, bê, bi, bo, bu.
ca, ce, cé, cè, cê, ci, co, cu.
da, de, dé, dè, dê, di, do, du.
fa, fe, fé, fè, fê, fi, fo, fu.
ga, ge, gé, gè, gê, gi, go, gu.
ha, he, hé, hè, hê, hi, ho, hu.
ja, je, jé, jè, jê, ji, jo, ju.
la, le, lé, lè, lê, li, lo, lu.
ma, me, mé, mè, mê, mi, mo, mu.
na, ne, né, nè, nê, ni, no, nu.
pa, pe, pé, pè, pê, pi, po, pu.
qua, que, qué, què, quê, qui, quo, quu.
ra, re, ré, rè, rê, ri, ro, ru.
sa, se, sé, sè, sê, si, so, su.
ta, te, té, tè, tê, ti, to, tu.
va, ve, vé, vè, vê, vi, vo, vu.
xa, xe, xé, xè, xê, xi, xo, xu.
za, ze, zé, zè, zê, zi, zo, zu.

Sons formés d'une Voyelle et d'une Consonne.

ab, eb, éb, èb, êb, ib, ob, ub.

ac, ec, éc, èc, êc, ic, oc, uc.
ad, ed, éd, èd, êd, id, od, ud.
af, ef, éf, èf, êf, if, of, uf.
etc., etc., etc., etc.

---

bla, blé, blé, blè, blê, bli, blo, blu.
bra, bre, bré, brè, brê, bri, bro, bru.
chra, chre, chré, chrè, chrê, chri, chro, chru.
cla, cle, clé, clè, clê, cli, clo, clu.
dra, dre, dré, drè, drê, dri, dro, dru.
fra, fre, fré, frè, frê, fri, fro, fru.
gla, gle, glé, glè, glê, gli, glo, glu.
gna, gne, gné, gnè, gnê, gni, gno, gnu.
gra, gre, gré, grè, grê, gri, gro, gru.
gua, gue, gué, gué, guê, gui, guo, guu.
pla, ple, plé, plè, plê, pli, plo, plu.
pha, phe, phé, Phè, phê, phi, pho, phu.
spa, spe, spé, spè, spê, spi, spo, spu.
sta, ste, sté, stè, stê, sti, sto, stu.
tla, tle, tlé, tlè, tlê, tli, tlo, tlu.
tra, tre, tré, trè, trê, tri, trs, tru.
tba, the, thé, thè, thê, thi, tho, thu.
vra, vre, vré, vrè, vrê, vri, vro, vru.

Va-se, phra-se, thè-se, chai-se, mi-se, pri-se, ro-se, cho-se, mu-se, ru-se.

Dan-se, lam-pe, ven-te, tem-ple, lin-ge, tim-bre, crain-te, pein-tre, rai-sin, ils ai-maient, cra-yon, pei-gne, beau-té, gloi-re, jo-yaux, mon-dain, pom-pe, lun-di, hum-ble, mou-ton, gour-mand, jeûne, leur cœur, loin-tain, bien-fait, puis-sant, tra-vail, so-leil, cer-feuil, fe-nouil.

PRI-È-RES DU MA-TIN.

Au nom du Pè-re, et du Fils, et du Saint-Es-prit. Ain-si soit-il.

No-tre Pè-re, qui ê-tes aux Ci-eux, que vo-tre nom soit sanc-ti-fi-é, que vo-tre rè-gne ar-ri-ve, que vo-tre vo-lon-té soit

ac, ec, éc, èc, êc, ic, oc, uc.
ad, ed, éd, èd, êd, id, od, ud.
af, ef, éf, èf, êf, if, of, uf.
etc., etc., etc., etc.

---

bla, ble, blé, blè, blê, bli, blo, blu.
bra, bre, bré, brè, brê, bri, bro, bru.
chra, chre, chré, chrè, chrê, chri, chro, chru.
cla, cle, clé, clè, clê, cli, clo, clu.
dra, dre, dré, drè, drê, dri, dro, dru.
fra, fre, fré, frè, frê, fri, fro, fru.
gla, gle, glé, glè, glê, gli, glo, glu.
gna, gne, gné, gnè, gnê, gni, gno, gnu.
gra, gre, gré, grè, grê, gri, gro, gru.
gua, gue, gué, gué, guê, gui, guo, guu.
pla, ple, plé, plè, plê, pli, plo, plu.
pha, phe, phé, Phè, phê, phi, pho, phu.
spa, spe, spé, spè, spê, spi, spo, spu.
sta, ste, sté, stè, stê, sti, sto, stu.
tla, tle, tlé, tlè, tlê, tli, tlo, tlu.
tra, tre, tré, trè, trê, tri, trs, tru.
tba, the, thé, thè, thê, thi, tho, thu.
vra, vre, vré, vrè, vrê, vri, vro, vru.

Va-se, phra-se, thè-se, chai-se, mi-se, pri-se, ro-se, cho-se, mu-se, ru-se.

Dan-se, lam-pe, ven-te, tem-ple, lin-ge, tim-bre, crain-te, pein-tre, rai-sin, ils ai-maient, cra-yon, pei-gne, beau-té, gloi-re, jo-yaux, mon-dain, pom-pe, lun-di, hum-ble, mou-ton, gour-mand, jeûne. leur cœur, loin-tain, bien-fait, puis-sant, tra-vail, so-leil, cer-feuil, fe-nouil.

PRI-È-RES DU MA-TIN.

Au nom du Pè-re, et du Fils, et du Saint-Es-prit. Ain-si soit-il.

No-tre Pè-re, qui ê-tes aux Ci-eux, que vo-tre nom soit sanc-ti-fi-é, que vo-tre rè-gne ar-ri-ve, que vo-tre vo-lon-té soit fai-te en la ter-re com-me au Ci-el, don-nez-nous au-jour-d'hui no-tre pain quo-ti-dien, et par-don-nez-nous nos of-fen-ses com-me nous les par-don-nons à ceux qui nous ont of-fen-sés, et ne nous lais-sez point suc-com-ber à la ten-ta-tion, mais dé-li-vrez-nous du mal. *Ain-si soit-il.*

La Sa-lu-ta-tion An-ge-li-que.

JE vous sa-lue Ma-ri-e Plei-ne de grâ-ces; le Sei-gneur est avec vous; vous ê-tes bé-ni-e en-tre tou-tes les fem-mes, et et Jé-sus le fruit de vos en-trail-les est bé-ni.

Sain-te Ma-rie, mè-re de Di-eu, pri-ez pour nous, pau-vres pé-cheurs, main-te-nant et à l'heure de no-tre mort. *Ain-si soit-il.*

LE SYM-BO-LE DES A-PO-TRES.

Je crois en Di-eu le Pè-re Tout Puis-sant cré-a-teur du ci-el et de la ter-re, en Jé-sus-Christ son fils u-ni-que, no-tre Sei-gneur qui a é-té con-çu du Saint-Es-prit: est né de la Vi-er-ge Ma-ri-e; a souffert sous Pon-ce Pi-la-te; a é-té cru-ci-fi-é; est mort et a é-té en-se-ve-li; est des-cen-du aux en-fers; le troi-siè-me jour est res-sus-ci-té des morts, est mon-té aux Cieux; s'est as-sis à la droi-te de Di-eu le pè-re Tout-Puis-sant, d'où il vien-dra juger les vi-vans et les morts.

Je crois au Saint-Es-prit, la Sain-te E-gli-se ca-tho-li-que, la com-mu-ni-on des Saints, la ré-mis-si-on des pé-chés, la ré-sur-rec-ti-on de la chair, la vi-e é-ter-nel-le Ain-si soit-il.

LA CON-FES-SI-ON DES PE-CHES

Je con-fes-se à Di-eu Tout-pui-sant à la bien-heu-reu-se Ma-ri-e tou-jours Vi-er-ge, à Saint-Mi-chel Ar-chan-ge, à Saint-Jean-Bap-tis-te, aux A-pô-tres Saint Pier-re et Saint-Paul; à tous les Saints et à vous mon pè-re que j'ai beau-coup pé-ché par pen-sées, par pa-ro-les et par ac-ti-ons; c'est ma fau-te c'est ma très-gran-de fau-te. C'est pourquoi je pri-e la Sain-te Vi-er-ge, Saint-Mi-chel Ar-chan-ge, Saint-Jean-Bap-tis-te, les A-pô-tres Saint-Paul, tous les Saints, et vous mon pè-re de pri-er pour moi le Sei-gneur no-tre Di-eu.

Que le Di-eu Tout-puis-sant nous fas-se mi-sé-ri-cor-de; et qu'a-près nous a-voir par-don-né nos pé-chés, il nous con-dui-se à la vi-e é-ter-nel-le. Ain-si soit-il.

AC-TE DE CON-TRI-TI-ON.

Mon Di-eu, j'ai u-ne ex-trê-me dou-leur de vous a-voir of-fen-sé par-ce que vous ê-tes in-fi-ni-ment bon, in-fi-ni-ment ai-ma-ble, et que le pé-ché vous dé-plaît, je fais un fer-me pro-pos, moy-en-nant vo-tre sain-te grâ-ce, de ne plus vous of-fen-ser à l'a-ve-nir, et de fai-re pé-ni-ten-ce de mes pé-chés.

BÉ-NÉ-DIC-TI-ON DE LA TA-BLE.

Au nom du pè-re, etc.

Mon Di-eu bé-nis-sez la nour-ri-tu-re que je vais pren-dre, a-fin que j'a-ye plus de for-ce pour vous mieux ser-vir. Ain-si soit-il.

GRA-CES.

Au nom du pè-re, etc.

Mon Di-eu, je vous re-mer-ci-e de la nour-ri-tu-re que vous m'a-vez don-né-e : fai-tes-moi la grâ-ce d'en fai-re un Saint u-sa-ge. Ain-si soit-il.

PRIÈRES.

Au nom du Père, du Fils et du Saint-Esprit. Ainsi soit-il.

L'ORAISON DOMINICALE.

Notre Père qui êtes aux Cieux, que votre nom soit sanctifié, que votre règne arrive, que votre volonté soit faite en la terre comme au Ciel, don-nez-nous aujourd'hui notre pain quotidien, pardonnez-nous nos offenses comme nous pardonnons à ceux qui nous ont offensés et ne nous laissez point succomber à la tentation ; mais délivrez-nous du mal. Ainsi soit-il.

LA SALUTATION ANGÉLIQUE.

Je vous salue, Marie pleine de grâce le Seigneur est avec vous ; vous êtes bénie entre toutes les femmes, et Jésus, le fruit de vos entrailles est béni, Sainte Marie, mère de Dieu, priez pour nous pauvres pécheurs, maintenant et à l'heure de notre mort. Ainsi soit-il.

LE SYMBOLE DES APOTRES.

Je crois en Dieu le père tout-puissant, Créateur du ciel et de la terre, et en Jésus-Christ son fils unique notre Seigneur, qui a été conçu du Saint-Esprit est né de la Vierge Marie, a souffert Sous Ponce Pilate, a été crucifié, est mort, a été enseveli, est descendu aux enfers, est ressuscité le troisième jour, est monté aux Cieux, s'est assis à la droite de Dieu le Père tout puissant, d'où il viendra juger les vivans et les morts. Je crois au Saint-Esprit, la Sainte Eglise Catholique, la communion des Saints, la rémission des péchés, la résurrection de la chair, la vie éternelle. Ainsi soit-il.

LA CONFESSION DES PECHES.

Je confesse à Dieu tout puissant, à la bienheureuse Marie toujours Vierge, à Saint-Michel Archange, à Saint-Jean-Baptiste, aux Apôtres Saint-Pierre et Saint-Paul, à tous les Saints et à vous mon père, que j'ai beaucoup péché par pensées, par paroles et par actions, c'est ma faute, c'est ma très-grande faute. C'est pourquoi je prie la bienheureuse Marie toujours Vierge, Saint-Michel Archange, Saint Jean-Baptiste, les Apôtres Saint-Pierre et Saint-Paul, et vous, mon père, de prier pour moi le Seigneur notre Dieu.

Que le Dieu tout puissant nous fasse miséricorde, et qu'après nous avoir pardonné nos péchés il nous conduise à la vie éternelle. Ainsi soit-il.

ACTE DE CONTRITION.

Mon Dieu, j'ai une extrême douleur de vous avoir offensé ; parce que vous êtes infiniment bon, infiniment aimable et que le péché vous déplaît : je fais un ferme propos, moyennant votre sainte grâce, de ne plus vous offenser à l'avenir et de faire pénitence de mes péchés.

LES COMMANDEMENS DE DIEU.

Un seul Dieu tu adoreras,
Et aimeras parfaitement.
Dieu en vain tu ne jureras,
Ni autre chose pareillement.
Les dimanches tu garderas,
En servant Dieu dévotement.
Père et mère honoreras,
Afin de vivre longuement.
Homicide point ne seras,
De fait ni volontairement.
Luxurieux point ne seras,
De corps ni de consentement.
Le bien d'autrui tu ne prendras,
Ni retiendras en le sachant.
Faux témoignages ne diras,
Ni mentiras aucunement.
L'œuvre de la chair ne désireras,
Qu'en mariage seulement.
Biens d'autrui tu ne convoiteras,
Pour les avoir injustement.

LES COMMANDEMENS DE L'ÉGLISE.

Les Dimanches Messe ouïras,
Et les Fêtes de commandement.
Tous tes péchés confesseras,

À tout le moins, une fois l'an.
 Ton Créateur tu recevras,
Au moins à Pâques, humblement.
 Les fêtes tu sanctifieras,
Qui te sont de commandement,
 Quatre temps, Vigile jeûneras,
Et le Carême entièrement.
 Vendredi, chair ne mangeras,
Ni le samedi mêmement.

PENSÉES MORALES ET INSTRUCTIVES

Le monde ou l'univers est l'assemblage de toutes les choses que Dieu a créées.

Le Ciel est l'espace immense dans lequel on aperçoit le soleil, la Lune et les Etoiles.

Regardez autour de vous, contemplez la beauté de la nature et rendez hommage à l'Être suprême.

Aimez votre Père et votre Mère, vous n'avez pas d'amis plus sincères qu'eux :

s'ils vous punissent quelquefois, c'est l'amitié seule qui leur fait prendre ce caractère de sévérité.

Si vous n'êtes pas bon fils, vous ne serez jamais ni bon Ami, ni bon Mari, ni bon Père.

Ne faites pas à autrui ce que vous ne voudriez pas qu'on vous fît.

Faites aux autres tout le bien que vous voudriez en recevoir.

Si vous aimez le travail, vous êtes assez riche : l'oisiveté seule fait des malheureux, elle enfante tous les vices. Accoutumez vous de bonne heure à remplir tous vos momens par des occupations utiles.

L'éducation est une dette de la société, le Père qui n'a pas fait tous les sacrifices possibles pour la procurer à ses enfans, est criminel.

Ne publiez pas les bonnes actions que vous ferez, faites le bien pour votre propre satisfaction, et pour le plaisir de faire des heureux.

Celui qui désire toujours et n'est jamais content de son sort, finit, en cherchant le bonheur, par ne le trouver jamais.

Les jeux ont été imaginés pour nous délasser de nos travaux : jouons pour nous amuser seulement et jamais dans l'intention de gagner.

La colère est un délire qui porte quelquefois aux plus grands excès; celui qui s'y abandonne, s'en repent lorsqu'il n'est plus temps. S'il arrive que l'on vous irrite, recueillez toute votre raison, et ne vous laissez jamais entraîner par un mouvement violent.

Ne cherchez pas à connaître les choses que l'on veut vous cacher, contentez-vous de vos propres affaires, sans vous occuper de celles des autres.

Le vieillard mérite le respect des jeunes gens ; écoutez ses conseils, suivez-les : jamais il ne vous égarera, parce qu'il a pour lui l'expérience.

Ne jugez pas toujours vos camarades par leurs paroles : il en est qui sont aimables en apparence : ce n'est souvent qu'une belle écorce qui cache un mauvais cœur.

C'est au jeu que l'enfant met son caractère à découvert, il est avec ses camarades ce qu'il sera par la suite dans la société.

L'amitié ne se commande pas ; si vous voulez vous faire aimer, rendez-vous aimable par vos vertus et vos talens.

Vous n'aurez jamais d'ennemis, si

vous avez le courage de pardonner les injures et de rendre le bien pour le mal.

L'habit doré sert souvent d'enveloppe à tous les vices, tandis que l'habit simple couvre la vertu, ne jugez jamais les hommes par leur costume, mais bien par leurs actions.

Dans quelque situation que vous vous trouviez, riche, pauvre, puissant, ou faible, soyez toujours probe. Tout change dans la vie ; tel qui était grand hier, peut être renversé aujourd'hui. Heureux, quand dans l'adversité on peut promener partout ses regards, sans avoir à rougir.

L'enfant sortant des mains de la nature est l'égal de tous les enfans ; il a par la suite, les mêmes droits aux yeux de la loi, mais il n'est pas toujours l'égal des autres en vertus ; en talens et en fortune.

Ne déguisez jamais la vérité si vous voulez inspirer de la confiance : le premier mensonge conduit à un autre, et insensiblement on devient un menteur de profession.

Dire du mal de son camarade, c'est lui faire un tort irréparable, il vaut beaucoup mieux se taire que de médire.

Ne vous vantez pas de quelques talens que la nature vous a donnés, laissez aux autres le plaisir de les distinguer ou de les imiter.

Vous rencontrerez des camarades qui aiment à plaisanter, ne vous fâchez jamais, quelque piquante que soit la raillerie : n'opposez que la douceur, et forcez le méchant à se repentir.

Ne promettez jamais ce que vous ne pourrez pas tenir : un engagement contracté est une dette sacrée qu'il faut acquitter.

L'union dans les familles fait leur bonheur et leur richesse ; conservez-la aux dépens même de quelques jouissances particulières ; et n'ayez pas de meilleurs amis que vos frères et vos sœurs.

Si vous êtes paresseux, vous serez ignorant. On n'obtient rien sans peine; le travail surmonte toutes les difficultés, il nous rend d'ailleurs la vie plus agréable.

Si, en l'absence de votre camarade, quelqu'un cherche à lui nuire, parlez comme s'il était présent, défendez-le.

LA CIGALE ET LA FOURMI.

La Cigale ayant chanté
    Tout l'été,
Se trouva fort dépourvue,
Quand la bise fut venue,
Pas un seul petit morceau

De mouche ou de vermisseau ;
Elle alla crier famine
Chez la fourmi sa voisine,
La priant de lui prêter
Quelque grain pour subsister
Jusqu'à la saison nouvelle.
Je vous paierai, lui dit-elle,
Avant l'août, foi d'animal,
Intérêt et principal.
La fourmi n'est pas préteuse,
C'est là son moindre défaut.
Que faisiez-vous au temps chaud ?
Dit-elle à cette emprunteuse :
Nuit et jour à tout venant
Je chantais, ne vous déplaise.
Vous chantiez ! j'en suis fort aise.
Hé bien ! dansez maintenant.

PENSÉES.

Adore un Dieu, sois juste et chéris ta patrie.

Un élève sans mœurs est un arbre sans fruits.

Faisons ce qu'on doit faire et non pas ce qu'on fait.

On vous juge d'abord par ceux que vous voyez.

Dans un vase infecté le meilleur vin s'aigrit.

Avant que d'entreprendre il faut considérer.

Qui commence le mieux ne fait rien s'il n'achève.

Le sage est ménager du temps et des paroles.

Patience et succès marchent toujours ensemble.

Un savant doute, cherche ; un ignorant sait tout.

Soyez humble et modeste au milieu des succès.

Ne faites rejaillir vos peines sur personne.

Pour les infortunés, espérer c'est jouir.

Reprenez sans aigreur, louez sans flatterie.

A force de forger, on devient forgeron.

Chaque chose a son temps, il faut savoir le prendre.

L'enfant à qui tout cède est le plus malheureux.

Aimez qu'on vous conseille et non pas qu'on vous loue.

Obéis, si tu veux qu'on t'obéisse un jour.

Ce n'est pas obéir qu'obéir lentement.

Un sot trouve toujours un plus sot qui l'admire.

De services, d'égards la vie est un échange.

On a souvent besoin d'un plus petit que soi.

Parlez peu, pensez bien, et gardez vos secrets.

Croire qu'on ne sait rien, c'est apprendre beaucoup.

Le bienfait qu'on reproche est un bienfait perdu.

On n'est pas écouté, quand on parle en grondant.

C'est n'être bon à rien, de n'être bon qu'à soi.

Ne fais pas à autrui ce que tu crains pour toi.

C'est mourir satisfait que de mourir aimé.

Les gens qui n'aiment qu'eux ne sont pas ceux qu'on aime.

N'allez point divulguer ce que l'on vous confie.

Celui qui perd l'honneur n'a plus rien à garder.

www.ingramcontent.com/pod-product-compliance
Lightning Source LLC
Chambersburg PA
CBHW060910050426
42453CB00010B/1631